AF388804

J. M. J.

CINQUANTENAIRE

DU

PENSIONNAT SAINT-JOSEPH

DE

MEAUX

1844 — 1894

MEAUX

A. LE BLONDEL, IMPRIMEUR-LIBRAIRE DE L'ÉVÊCHÉ

1894

CINQUANTENAIRE

DU

PENSIONNAT SAINT-JOSEPH

DE

MEAUX

1844 — 1894

MEAUX

A. LE BLONDEL, IMPRIMEUR-LIBRAIRE DE L'ÉVÊCHÉ

—

1894

CINQUANTENAIRE

DU

PENSIONNAT SAINT-JOSEPH

DE MEAUX

1844 — 1894

Le 27 juin dernier était pour le pensionnat St-Joseph jour de bien grande allégresse : on y célébrait à la fois le cinquantenaire de la fondation du pensionnat et le baptême de la cloche de la gracieuse chapelle récemment inaugurée. Avant de redire les joies de cette belle fête, on nous saura gré, pensons-nous, de rappeler brièvement l'histoire d'une des œuvres les plus intéressantes de la ville de Meaux, des plus fécondes aussi pour la vie chrétienne dans notre région. Nous cédons d'autant plus volontiers aux vœux des excellentes maîtresses que d'obligeants concours nous ont épargné toute la peine et rendu facile la tâche de rappeler les souvenirs religieux et profanes de la pieuse maison Saint-Joseph de Meaux.

LE PREMIER PENSIONNAT.

Après la tempête révolutionnaire, alors que sur les ruines amoncelées il s'agissait de reconstruire l'édifice social, c'est à la religion que les éducateurs de la jeunesse française demandèrent les éléments de la société nouvelle. Tandis que, pour l'Université de France qu'il venait de créer, Napoléon imaginait le régime austère des vieux cloîtres, acceptant volontiers le concours des anciens membres des congrégations dispersées, des âmes clairvoyantes comprenant que la femme est la première éducatrice, qu'à dix ans selon le mot de de Maistre l'homme est formé sur les genoux de sa mère, eurent à cœur de donner à la France des mères vraiment chrétiennes, à commencer par les classes dirigeantes. Aussi notre ville épiscopale avait vu, dès les premières années du siècle, surgir sous l'habit laïque de fermes chrétiennes, qui furent de dignes maîtresses et qui ont laissé des imitatrices.

Dans un coin tranquille, abrité par les souvenirs religieux des vieux âges, à l'ombre de la cathédrale, près de l'Evêché, de la cure et de l'ancien chapitre, un de ces établissements occupait l'ancienne maîtrise, au fond du cul de sac du *Puits du Cloître* (1). C'est actuellement le n° 6 de l'impasse Maciet.

La première directrice de cette maison était Mlle Aubry, de 1806 à 1820 environ. A cette dernière date elle fut remplacée par les Demoiselles Gouffé, nièces d'une religieuse converse de la Visitation de Meaux où elles avaient reçu leur éducation ; elles cédèrent elles-mêmes leur établissement à Mlle Cavillier, bien digne de préparer les voies aux sœurs de Saint-Joseph. On a conservé bon souvenir de la pieuse et solide direction de ces diverses maîtresses, qui formèrent un grand nombre de jeunes filles devenues plus tard d'excellentes mères de famille.

Ces nobles et chrétiennes traditions méritaient un complément providentiel. Quelques années avant la Révolution naissait dans cette Bourgogne qui a donné à l'Eglise

(1) Voir sur la *Maîtrise de Meaux* le discours prononcé le 3 août 1889 par M. l'abbé Bizord, aujourd'hui Supérieur de l'Ecole Saint-Etienne.

tant de nobles cœurs et à Meaux sa plus glorieuse illustration avec Bossuet, une âme généreuse qui devait être un jour la R. Mère Javouhey, fondatrice et supérieure générale de la Congrégation des sœurs de Saint-Joseph de Cluny. Ce n'est point ici le lieu de rappeler les efforts, les luttes, les résultats enfin de cette vie féconde entre toutes (1). Etablie d'abord au diocèse d'Autun, la nouvelle famille religieuse devait s'étendre rapidement soit en France, soit aux colonies où elle rendit et rend encore d'éminents services. La fondatrice en particulier déploya un tel génie pour la colonisation qu'elle arracha un jour ce cri à Louis-Philippe : « *Madame Javouhey!... mais, c'est un grand homme.* » Notre diocèse devait lui aussi bénéficier de son zèle. Aux premières tentatives qui n'eurent qu'une durée éphémère (2) mais furent en plusieurs endroits le point de départ d'œuvres utiles, des fondations plus durables devaient succéder pour le plus grand bien des âmes (3). Le couvent de Fontainebleau, un des plus florissants, date de 1826 ; plus heureux que celui de Meaux il célébrait l'an passé le cinquantenaire de sa chapelle (4).

En février 1844 Monseigneur Allou, qui connaissait depuis longtemps déjà la Congrégation de Saint-Joseph, fit appel au dévouement de la vénérée Mère Javouhey pour sa ville épiscopale, alors qu'elle avait peine à répondre aux nombreuses sollicitations qui lui arrivaient de toutes

(1) Voir la Vie de la R. M. Javouhey. *Histoire des œuvres et missions de sa Congrégation*, par le R. P. Delaplace, de la Congrégation du Saint-Esprit (2 volumes in-8°. Lecoffre, 1886) et pour ce qui concerne spécialement notre diocèse, *Semaine religieuse de Meaux*, des 2, 9 et 16 octobre 1886.

(2) Bray, Donnemarie. Nangis. Montigny-Lencoup. Provins (1810), La Rochette.

(3) Le diocèse de Meaux compte aujourd'hui 10 maisons de la Congrégation : Brie-Comte-Robert. Favières, Fontainebleau, Lagny, La Houssaye. Meaux (4 maisons). Tournan.

(4) Voir l'allocution prononcée à cette occasion le 13 février 1893 par M. l'abbé Barbier, chanoine honoraire, curé-doyen de Nemours.

parts (1). La profonde et reconnaissante estime qu'elle professait pour l'Evêque de Meaux détermina son consentement. Les religieuses de Saint-Joseph furent accueillies d'une manière toute paternelle par le digne prélat et par M. l'abbé Alips, archiprêtre de la cathédrale ; elles venaient prendre la direction du pensionnat de Mlle Cavillier. La maison de l'impasse Maciet appartenait alors à Mme Bailly, de Chauconin, qui a laissé, ainsi que Mlle Aline Bailly, sa fille, tant à Meaux qu'à La Ferté-sous-Jouarre, une réputation méritée de piété et de bonnes œuvres (2). Un bail de neuf ans fut alors passé entre la propriétaire et la R. Mère générale. Mère Euphémie, la première Supérieure, fut reçue avec ses compagnes à l'entrée de la maison par cinq petites filles vêtues de blanc, elles récitèrent un compliment en lui offrant les clefs et furent les premières élèves (3). Le nombre des jeunes filles s'accrut rapidement et bientôt le pensionnat se composa des enfants

(1) Le jour même où elle vint à Meaux, elle avait décidé sur les instances d'un député de fonder à Reims un pensionnat important. Le vénérable doyen de Lagny, M. l'abbé Oudry, de qui nous tenons ces détails, alors aumônier tout dévoué du couvent de Fontainebleau, lui fit perdre sa place à la diligence de Reims et prendre le bateau-poste pour Meaux.

(2) Mme Bailly, née Adélaïde Hébert, à Chauconin où elle épousa M. Bailly, eut sept enfants ; veuve de bonne heure, elle sut, par sa capacité et son énergie pourvoir à leur établissement. Sur la fin de sa vie, elle put se livrer suivant les inspirations de sa charité à un très grand nombre de bonnes œuvres et mourut à Chauconin le 7 novembre 1861, âgée de 73 ans.

Une de ses filles, Mlle Aline, s'était retirée à La Ferté-sous-Jouarre où elle est décédée. Comme sa mère elle ne s'occupait que de bonnes œuvres, surtout en faveur des jeunes filles. Elle était très liée avec Mlle Cavillier qui, d'abord retirée à Jouarre après la cession de son pensionnat, vint à La Ferté passer ses dernières années.

Le pensionnat Saint-Joseph compte encore actuellement parmi ses élèves quatre arrière-petites-filles de Mme Bailly : Marie et Jeanne Bailly, de Chauconin, Marthe et Régine Courtier, de Gesvres-le-Chapitre.

(3) Nous tenons ces renseignements de l'une d'entre elles, toute heureuse d'assister au cinquantenaire.

des meilleures familles de la société de Meaux et des environs. Un externat y fut même annexé plus tard.

Depuis cette époque, les œuvres de la Congrégation se sont multipliées à Meaux : après avoir été appelées à la direction de l'ouvroir des Jeunes Economes, les religieuses de Saint-Joseph furent chargées, dès les premières années de l'Ecole Saint-Etienne, du matériel et des classes enfantines. Plus récemment encore le Grand Séminaire a fait appel pour le service de la cuisine à leur précieux concours.

LE NOUVEAU PENSIONNAT.

Monseigneur Allou, dont la sollicitude pour l'œuvre ne se démentit jamais, songea à lui procurer un local plus conforme à ses besoins. En 1839, le vénérable prélat avait acheté, dans l'intention d'y transférer son petit séminaire, un vaste immeuble historique situé rue des Vieux-Moulins, appartenant en dernier lieu à une famille de magistrats dont le nom vivra longtemps dans la ville de Meaux : MM. Antoine et Amable de *Pinteville-Cernon* et M{ile} Constance leur sœur. Cette maison servait dans les siècles derniers d'hôtel au premier magistrat de la ville de Meaux. Les salles grandes et spacieuses du premier étage ont conservé leur ancienne physionomie; on remarque surtout les sculptures de la *Salle Henri IV*, dont la décoration fut en partie renouvelée à la fin du siècle dernier. Ce nom rappelle l'hospitalité qu'y reçut le bon roi Henri après la soumission de la ville, en décembre 1593. Les lieutenants-généraux du bailliage de Meaux, de la famille des Marquelet de la Noüe, en étaient propriétaires ; la dernière héritière de ce nom épousa à la fin de la Révolution M. de Pinteville-Cernon qui fut maire de Meaux en 1814 (1),

---

(1) Voir dans l'*Almanach historique de Seine-et-Marne* de 1869 (Le Blondel, éditeur) l'intéressante notice de M. le chanoine Denis sur M. François de Pinteville, maire de Meaux, et sur son dévouement pendant l'invasion de 1814.

puis député de l'arrondissement sous la Restauration. Le samedi saint de cette même année 1814 fut reçu en ce même hôtel le comte d'Artois, plus tard Charles X, qui se rendait à Paris pour préparer l'entrée de son frère, Louis XVIII. La fille de M. de Pinteville, Mlle Constance, bien connue par son amabilité et son immense charité, vendit à l'Evêque de Meaux l'immeuble dont elle avait hérité et se retira près de son frère, à Châlons-sur-Marne où elle est morte il y a quelques années.

Monseigneur voulut bien en 1850 céder à la Congrégation de Saint-Joseph de Cluny, sur la demande de la Supérieure Générale, la majeure partie de cette maison, louée aux religieuses en 1849. Le 30 mars 1850, un acte sous seing privé entre l'Evêque de Meaux et Madame la Supérieure fut passé devant Me Edmond-Antoine de la Brunière et Me Charles Petit, notaires à Meaux ; la vente fut autorisée par décret impérial du 14 avril 1855.

LA CHAPELLE.

Sous la deuxième Supérieure, Mère Maximilienne, un nouveau décret du 17 février 1859 autorisait l'acquisition des immeubles Dupont et Maricot, destinés à compléter la précédente et à fournir l'emplacement nécessaire à la construction d'une chapelle plus vaste et plus commode. Dès l'origine, en effet, après la salle Henri IV, une autre pièce du premier étage avait été affectée au culte, mais à titre purement provisoire. C'est seulement en juin 1892 que la Providence permit de poser la première pierre de la chapelle dont l'érection a été menée très activement par M. Simon, architecte à Meaux. Inaugurée le 23 juillet 1893 à la grande satisfaction des religieuses et des élèves, elle était témoin le 27 juin dernier de la fête du cinquantenaire, jour bien choisi pour le baptême de la cloche appelée à lui prêter sa voix.

Ce charmant édifice se compose d'une nef romane de quatre travées, dont la première est surmontée d'une tribune ; le sanctuaire se termine par une abside circulaire éclairée par trois verrières. Celle du milieu, représentant le Sacré-Cœur, est due à la générosité d'une ancienne élève, Mme Martin, de la Mare, et des élèves actuelles du Pensionnat. La verrière située du côté de l'épitre a été offerte par Mme Sauvageot : elle comprend deux médaillons, la Naissance de Notre-Seigneur et l'Intérieur de Nazareth. La décoration du sanctuaire est complétée du côté de l'évangile par deux autres médaillons, la Présentation de Marie au Temple et l'Annonciation ; ils ont été donnés par MM^{lles} Dhuicque, de Brégy, anciennes élèves.

L'autel, de fort bel effet et tout en pierre, est orné d'un bas-relief sculpté représentant la Mort de Saint Joseph : la porte du tabernacle en cuivre doré est marquée d'une croix grecque en relief et surmontée d'un agneau triomphal. Produit des pieuses offrandes du 27 juin cet autel restera le vivant souvenir du cinquantenaire.

A droite et à gauche du sanctuaire ont été ménagées deux absides semi-circulaires, figurant ainsi l'extrémité de deux basses nefs. Du côté de l'évangile l'autel est décoré d'une statue de Notre-Dame du Sacré-Cœur, tandis que celle de Saint Joseph orne l'autre autel. Ces absides sont éclairées par des œils-de-bœuf dont l'un représente Sainte Anne instruisant la Sainte Vierge et l'autre les armes de la Congrégation. Saint Joseph tient l'Enfant Jésus sur le bras droit et un lys dans la main gauche ; on lit dans un cartouche : *Congrégation des Sœurs de Saint-Joseph de Cluny*, et au-dessus sur une banderole flottante la devise : *Cor unum et anima una cum beato Joseph in cordibus Jesu et Mariæ* (1). Les deux autels en pierre sont supportés par des colonnettes, entre lesquelles un cercle saillant entoure un quatre-feuilles encadrant lui-même d'un côté le monogramme de la Sainte Vierge et de l'autre celui de Saint Joseph.

---

(1) Un seul cœur et une seule ame avec le bienheureux Joseph dans les cœurs de Jésus et de Marie.

Aux deux extrémités de l'arcade qui ouvre le sanctuaire ont été sculptées, à droite les armes du glorieux pontife Léon XIII et à gauche celles de Mgr de Briey, évêque de Meaux.

Du côté de l'évangile, dans la troisième travée, se trouve fixée au mur une chaire en chêne sculpté, de style roman comme l'édifice, et à laquelle conduit un escalier donnant dans la sacristie. La deuxième et la quatrième travées sont ornées de statues : celle de Sainte Thérèse, la céleste inspiratrice de la R. Mère Javouhey, et celle de Saint Martin, patron secondaire de la Congrégation. De ce même côté la nef est éclairée par une seule grisaille, due à Mme Dobiecka Dejouy, ancienne élève, et à son mari. Les trois fenêtres du côté de l'épitre attendent leurs grisailles de généreuses donatrices qui auront à cœur d'achever promptement l'artistique décoration de leur bien aimée chapelle ; il en est de même de la tribune, éclairée par trois lancettes.

L'extérieur de l'édifice est aussi soigné que l'intérieur ; on y accède par un porche monumental, placé sur le côté et dominé par une statue de Saint Joseph. La toiture, sans comporter de clocher, offre un élégant abri à la nouvelle baptisée du 27 juin. Enfin le sous-sol a été aménagé en une vaste salle servant à la fois pour les séances littéraires, les distributions de prix et les récréations des élèves en cas de mauvais temps.

LA VIE AU PENSIONNAT.

Après avoir rappelé l'histoire du pensionnat, sa fondation, son développement, l'érection de la chapelle, il serait peut-être à propos de caractériser en quelques mots l'éducation qui depuis cinquante ans a été le but même de l'œuvre. Celles qui en ont bénéficié seraient unanimes à dire combien la direction fut toujours simple, éloignée de toute recherche ; combien surtout elle fut toujours familiale, par le dévouement maternel des maîtresses et par la confiante docilité des élèves.

Pendant ce demi-siècle trois Supérieures seulement, et cette circonstance n'a pas peu contribué à créer et à maintenir les bonnes et fortes traditions, se sont succédé à la tête de la maison : la fondatrice d'abord, mère Euphémie, de 1844 à 1862, qui passa à Marseille les dernières années d'une vie bien remplie ; de 1862 à 1885, mère Maximilienne, qui jouit au pensionnat de Maisons-Alfort d'un repos mérité (1). Mère Ange-Augustin, arrivée à Meaux le 13 avril 1880, chargée successivement de la deuxième puis de la première classe, remplit depuis le 2 octobre 1885 avec une intelligence et un dévouement justement appréciés cette importante fonction.

Rien n'a été négligé pour développer dans le meilleur sens les connaissances utiles à la jeune fille et plus tard à la mère de famille. Sans parler des brevets de capacité qui attestent la valeur des études, l'enseignement des sciences a été l'objet de soins particuliers et le pensionnat est fier de son cabinet de physique. Les travaux manuels et les beaux-arts, ceux surtout qui rentrent davantage dans le rôle de la femme, ont été cultivés avec succès. Au jour des récompenses, les visiteurs de l'exposition ont été plus d'une fois charmés de dessins, peintures décoratives sur porcelaine et sur étoffe, broderies variées, travaux de tout genre et du meilleur goût.

Mais dans une maison religieuse l'éducation chrétienne domine tout, englobe pour ainsi dire la vie du pensionnat. Aussi pour la direction spirituelle des maîtresses l'autorité épiscopale a-t-elle toujours fait choix d'ecclésiastiques distingués par la piété et par le mérite. Il suffira d'en donner ici la liste : ce sont, après Mgr Allou, MM. Alips, Berton, Ducretet, Lepage, enfin M. le chanoine Dumont.

Le poste d'aumônier a été lui aussi occupé, depuis sa

____

(1) Mère Euphémie fut grandement secondée par sœur Émilie, dont le mérite égalait la vertu, et Mère Maximilienne par sœur Marie-Joseph, dont la bonté est restée proverbiale.

création, par des prêtres d'élite que leurs services ont successivement appelés aux plus honorables situations. Ce fut d'abord en 1858 M. Séroin, aujourd'hui doyen de Notre-Dame de Melun ; puis en 1864 M. Moret, vicaire général ; en 1867 M. Dumaine, archiprêtre de Fontainebleau ; en 1873 M. Bobard, doyen de La Ferté-sous-Jouarre. M. l'abbé Mauduit continue depuis 1890 les traditions de vertu sacerdotale et de dévouement intelligent de ses prédécesseurs. L'instruction religieuse sous toutes les formes, catéchisme, conférences, allocutions, n'a cessé d'être largement départie aux élèves. Les offices et cérémonies saintes, souvent rehaussées par la présence du premier pasteur ont été également la source et l'aliment d'une piété vive et éclairée.

LE VINGT-SEPT JUIN 1894.

Maîtresses et élèves virent arriver avec une joie bien vive le cinquantenaire du pensionnat. Rien n'avait été négligé pour donner à cette fête tout son éclat, la dévouée Supérieure ayant eu l'excellente idée d'y convier les aînées dont beaucoup sont mères et quelques-unes grand'mères des élèves actuelles.

L'action de grâces devait inaugurer ce beau jour : aussi le premier rendez-vous était au pied des autels, dans la riante chapelle, heureuse d'une telle assistance. La grand'messe célébrée par M. l'abbé Bobard, aumônier du pensionnat pendant dix-sept ans, était chantée en musique par les élèves. La sûreté et le caractère religieux de l'exécution témoignaient que si le soir elles devaient imiter les pensionnaires de Saint-Cyr, plus sages que leurs devancières elles ne négligeaient point pour cela les mélodies sacrées.

Par une aimable attention la Mère Supérieure avait invité à cette fête de famille avec Monseigneur, MM. les Vicaires généraux, le vénérable Chapitre, MM. les Curés de la ville épiscopale, M. l'abbé Dumaine, archiprêtre de

Fontainebleau. les Supérieurs des maisons religieuses de Meaux et les ecclésiastiques qui à des titres divers s'étaient intéressés à l'œuvre.

Après la grand'messe c'était plaisir de voir les nombreux groupes d'anciennes élèves, de tout âge, heureuses de se rencontrer, de faire revivre les souvenirs d'enfance et de jeunesse, de saluer les maîtresses. Leur présence, leur attitude, les nombreuses et touchantes lettres d'excuse de celles que de dures nécessités retenaient au loin, attestaient éloquemment les heureux résultats de l'éducation reçue dans « leur cher couvent », pour employer l'expression de l'une d'entre elles.

Tous ces sentiments intimes, toutes ces effusions devaient avoir leur expression officielle à la cérémonie de l'après-midi, doublement intéressante en ce qu'elle associait à la solennité du cinquantenaire la bénédiction de la cloche de la nouvelle chapelle. Aussi M. l'abbé Joiniot, vicaire général, n'eut pas de peine à tirer du sujet des accents qui allèrent à l'âme des auditeurs, encore plus nombreux que le matin. Après l'action de grâces il redit ces cinquante années de dévouement. d'efforts, de résultats tangibles dans le bien réalisé à Meaux et parmi tant d'honorables familles des environs, cette préoccupation enfin des mères de famille élevées à *Saint-Joseph* de transmettre à leurs enfants le précieux trésor d'une éducation chrétienne, préoccupation à laquelle l'*École St-Etienne* doit en grande partie sa création, son recrutement et ses progrès toujours croissants. Il termine en rappelant les souvenirs du Pensionnat résumés par la néophyte qui attend les bénédictions et l'onction du Pontife.

Sa Grandeur procède alors au baptême de la cloche. Des regards, d'autant plus avides que pour beaucoup d'assistants c'est une cérémonie tout-à-fait inconnue. suivent avec un intérêt soutenu les rites symboliques qui consacrent au service de Dieu la cloche du couvent, toute fière de la robe magnifique qu'elle doit à sa marraine. De même qu'en 1843 Monseigneur Allou. de vénérée mémoire, avait daigné partager avec la T. R. M. Javouhey, l'honneur de donner son nom à la cloche du Pensionnat de Fontainebleau, Monseigneur de Briey, pour marquer une fois de plus sa sollicitude en faveur d'une œuvre des plus importantes, avait bien voulu être lui aussi le parrain de la nouvelle baptisée avec la Supérieure générale de la Congrégation, la T. R. M. Marie-Basile, représentée par sa première Assistante, R. M. Saint-François-Xavier.

La cloche, du poids de cent trente kilos donne le *mi bémol* et porte l'inscription suivante :

L'AN MIL HUIT CENT QUATRE-VINGT-QUATORZE, LE VINGT-SEPT DU MOIS DE JUIN, J'AI ÉTÉ BÉNIE PAR MONSEIGNEUR MARIE-ANGE-EMMANUEL DE BRIEY, ÉVÊQUE DE MEAUX ET NOMMÉE MARIE-EMMANUEL-THÉRÈSE.

MON PARRAIN A ÉTÉ MONSEIGNEUR DE BRIEY, ET MA MARRAINE, LA TRÈS RÉVÉRENDE MÈRE MARIE-BASILE, SUPÉRIEURE GÉNÉRALE DE LA CONGRÉGATION DES SŒURS DE SAINT-JOSEPH DE CLUNY.

MONSIEUR DUMONT, CHANOINE TITULAIRE, CONFESSEUR DE LA COMMUNAUTÉ. — MONSIEUR L'ABBÉ MAUDUIT, AUMÔNIER DU PENSIONNAT. — MÈRE MARIE-ANGE-AUGUSTIN, SUPÉRIEURE.

Au-dessus de l'inscription on voit d'un côté le Christ en croix, de l'autre les armes de Monseigneur l'Evêque.

Après les dernières bénédictions, Sa Grandeur, la R. Mère Assistante et la Mère Supérieure ébranlent tour-à-tour la nouvelle cloche dont le son argentin sera dans le quartier une voix du ciel et pour le pensionnat le signal de la prière. Elle sera la cloche qui ne connaît point les glas, mais seulement les heures joyeuses ou sérieuses, comme le disait délicatement l'orateur du jour. « Puissent ces heures heureuses, ajoutait-il, se multiplier dans l'existence de celles qui auront fait ici provision de foi, d'espérance et de courage pour les épreuves de la vie. »

Une journée si bien remplie devait s'achever par une séance littéraire et musicale, ainsi que le portait un programme aussi modeste que suggestif. Dès l'heure fixée, la vaste salle était littéralement bondée : quatre cents per-

sonnes environ s'y entassaient pour goûter un des plus
nobles plaisirs de l'esprit, comme elles s'étaient empres-
sées à la solennité religieuse.

On eut pu se demander à quel répertoire les maîtresses
avaient recouru pour ce théâtre de couvent ? Au répertoire
classique. Auquel de nos poètes dramatiques ? A l'un des
plus grands, à Racine lui-même. Mais encore, lequel de
ces joyaux tirer de son écrin ? *Athalie !* Ici l'objection est
désarmée : Athalie créée par le vieux poète, pour des pensionnaires, pour un couvent, Athalie, drame pathétique
entre tous et le chef-d'œuvre peut-être de la scène, est
sûrement l'idéal de la tragédie sacrée. On peut, même
sous le temple du vrai Dieu, redire ces scènes émou-
vantes et religieuses que la foi autant que le génie inspi-
rait à notre illustre poète. On le peut surtout quand,
malgré la hardiesse de l'entreprise. tous les rôles (1), ceux
même dont l'interprétation offrait le plus de difficulté, ont
été rendus, comme on l'a vu, avec une diction excellente,
un geste toujours sûr, une action pleine d'entrain. A plusieurs reprises l'assistance manifesta par ses applaudisse-
ments un étonnement voisin de l'admiration pour le zèle
intelligent des maitresses et pour le talent docile des élèves.
Monseigneur exprimait la pensée de tous en adressant à la
Mère Supérieure vers la fin de la représentation ces paroles
flatteuses et bien méritées : « Je vous remercie, vous
m'avez fait passer une délicieuse soirée. » Soirée bien

(1) *PERSONNAGES PRINCIPAUX.*

Joas, roi de Juda.	MM^{lles} Adrienne Leroux. de Meaux.
Athalie, aïeule de Joas . .	Germaine Piron, de Meaux.
Joad, grand prêtre	Madeleine Degrelle. de Châtou.
Josabeth, tante de Joas . .	Amélie Parent, d'Oissery.
Zacharie, fils de Joad . . .	Alice Ebener. de Chelles.
Salomith, sœur de Zacharie.	Gabrielle Parent. d'Oissery.
Abner, l'un des principaux	
officiers des rois de Juda.	Eugénie Proffit, de Bouillancy.
Mathan, sacrificateur de Baal.	Louise Delacroix. de St-Louis
	(Sénégal).

digne en effet de clore un si heureux anniversaire!

Avant le baisser du rideau, d'un mouvement spontané, assez rare sur la scène, les actrices tombaient à genoux, recevant pieusement la paternelle bénédiction de Sa Grandeur : c'était non pas le mot de la fin, mais la prière finale.

Docile à la voix de son Pontife, Dieu bénira certainement longtemps encore les maitresses et les élèves du Pensionnat Saint-Joseph de Meaux, pour le plus grand bien des âmes, pour le retour à la foi de notre cher pays.

Meaux, 2 juillet 1894.

Abbé G. FRÉMONT.
Professeur de Rhétorique au Petit Séminaire
de Meaux.

www.ingramcontent.com/pod-product-compliance
Lightning Source LLC
La Vergne TN
LVHW021904180726
843502LV00008B/2872